1 주 / 1 일

나와 우리 ①

오늘 공부한 내용을 또박또박 따라 써 보세요.

날짜	부모님 확인
월 일	

1 우리 가족은 네 명이야.

따라 쓰기	우	리		가	족	은		네		명	이	야	.
혼자 쓰기													
혼자 쓰기													

2 동생은 맨날 우는 울보야.

따라 쓰기	동	생	은		맨	날		우	는		울	보	야.
혼자 쓰기													
혼자 쓰기													

1 주 / 2 일

나와 우리 ②

오늘 공부한 내용을 또박또박 따라 써 보세요.

날짜	부모님 확인
월 일	

1 봄 소풍을 갑니다.

따라쓰기	봄		소	풍	을		갑	니	다.				
혼자쓰기													
혼자쓰기													

2 체육복을 입고 오세요.

따라쓰기	체	육	복	을		입	고		오	세	요.		
혼자쓰기													
혼자쓰기													

1주 3일

나와 우리 ③

오늘 공부한 내용을 또박또박 따라 써 보세요.

날짜	부모님 확인
월 일	

1 밥을 먹을 때 예절

따라쓰기	밥	을		먹	을		때		예	절			
혼자쓰기													
혼자쓰기													

2 사람들이 즐겁게 식사

따라쓰기	사	람	들	이		즐	겁	게		식	사		
혼자쓰기													
혼자쓰기													

1주 4일

나와 우리 ④

오늘 공부한 내용을 또박또박 따라 써 보세요.

날짜	부모님 확인
월 일	

1. 강아지 솜이가 사라졌어요.

따라쓰기	강	아	지		솜	이	가		사	라	졌	어	요.
혼자쓰기													
혼자쓰기													

2. 눈물이 막 쏟아졌어요.

따라쓰기	눈	물	이		막		쏟	아	졌	어	요	.	
혼자쓰기													
혼자쓰기													

1주 5일

나와 우리 ⑤

오늘 공부한 내용을 또박또박 따라 써 보세요.

날짜	부모님 확인
월 일	

1 보호자와 이용해야 합니다.

따라쓰기	보	호	자	와		이	용	해	야		합	니	다.
혼자쓰기													
혼자쓰기													

2 규칙을 잘 지켜야 합니다.

따라쓰기	규	칙	을		잘		지	켜	야		합	니	다.
혼자쓰기													
혼자쓰기													

2주 1일 흥미로운 자연 관찰 ①

오늘 공부한 내용을 또박또박 따라 써 보세요.

날짜	부모님 확인
월 일	

① 나무는 공기를 맑게 해요.

따라쓰기	나	무	는		공	기	를		맑	게		해	요.
혼자쓰기													
혼자쓰기													

② 나무를 보호해야 해요.

따라쓰기	나	무	를		보	호	해	야		해	요	.	
혼자쓰기													
혼자쓰기													

2주 2일 흥미로운 자연 관찰 ②

오늘 공부한 내용을 또박또박 따라 써 보세요.

날짜	부모님 확인
월 일	

1 주변과 비슷한 색

따라쓰기	주	변	과		비	슷	한		색				
혼자쓰기													
혼자쓰기													

2 몸 색깔을 바꿉니다.

따라쓰기	몸		색	깔	을		바	꿉	니	다	.		
혼자쓰기													
혼자쓰기													

흥미로운 자연 관찰 ③

오늘 공부한 내용을 또박또박 따라 써 보세요.

날짜	부모님 확인
월 일	

1 빨간 바탕에 까만 점무늬

따라 쓰기	빨	간		바	탕	에		까	만		점	무	늬
혼자 쓰기													
혼자 쓰기													

2 진딧물을 먹는 무당벌레

따라 쓰기	진	딧	물	을		먹	는		무	당	벌	레	
혼자 쓰기													
혼자 쓰기													

흥미로운 자연 관찰 ④

오늘 공부한 내용을 또박또박 따라 써 보세요.

날짜	부모님 확인
월 일	

1. 냄비에 넣고 끓였어요.

따라 쓰기	냄	비	에		넣	고		끓	였	어	요	.	
혼자 쓰기													
혼자 쓰기													

2. 수증기가 되어 올라갔어요.

따라 쓰기	수	증	기	가		되	어		올	라	갔	어	요.
혼자 쓰기													
혼자 쓰기													

2주 / 5일

흥미로운 자연 관찰 ⑤

오늘 공부한 내용을 또박또박 따라 써 보세요.

날짜	부모님 확인
월 일	

1 치타와 표범

따라쓰기	치	타	와		표	범							
혼자쓰기													
혼자쓰기													

2 조금씩 다른 점이 있어요.

따라쓰기	조	금	씩		다	른		점	이		있	어	요.
혼자쓰기													
혼자쓰기													

3주 1일

도란도란 이야기 시간 ①

오늘 공부한 내용을 또박또박 따라 써 보세요.

날짜	부모님 확인
월 일	

1 당나귀는 꾀를 냈어요.

따라쓰기	당	나	귀	는		꾀	를		냈	어	요	.	
혼자쓰기													
혼자쓰기													

2 한쪽 다리를 절뚝거렸어요.

따라쓰기	한	쪽		다	리	를		절	뚝	거	렸	어	요.
혼자쓰기													
혼자쓰기													

3주 2일

도란도란 이야기 시간 ②

오늘 공부한 내용을 또박또박 따라 써 보세요.

날짜	부모님 확인
월 일	

1 의좋은 형제가 살았어요.

따라쓰기	의	좋	은		형	제	가		살	았	어	요	.
혼자쓰기													
혼자쓰기													

2 벼를 나누어 가졌어요.

따라쓰기	벼	를		나	누	어		가	졌	어	요	.	
혼자쓰기													
혼자쓰기													

3주 3일

도란도란 이야기 시간 ③

오늘 공부한 내용을 또박또박 따라 써 보세요.

날짜	부모님 확인
월 일	

1 땅에 사는 동물들

따라쓰기	땅	에		사	는		동	물	들				
혼자쓰기													
혼자쓰기													

2 하늘을 나는 새들

따라쓰기	하	늘	을		나	는		새	들				
혼자쓰기													
혼자쓰기													

3주 4일

도란도란 이야기 시간 ④

오늘 공부한 내용을 또박또박 따라 써 보세요.

날짜	부모님 확인
월 일	

1 아주 특별한 옷입니다.

따라 쓰기	아	주		특	별	한		옷	입	니	다	.	
혼자 쓰기													
혼자 쓰기													

2 형제의 솜씨를 칭찬했어요.

따라 쓰기	형	제	의		솜	씨	를		칭	찬	했	어	요.
혼자 쓰기													
혼자 쓰기													

3주 5일

도란도란 이야기 시간 ⑤

오늘 공부한 내용을 또박또박 따라 써 보세요.

날짜	부모님 확인
월 일	

1 경중경중 달려와 물었어요.

따라쓰기	경	중	경	중		달	려	와		물	었	어	요.
혼자쓰기													
혼자쓰기													

2 감나무 옆에 척 숨었어요.

따라쓰기	감	나	무		옆	에		척		숨	었	어	요.
혼자쓰기													
혼자쓰기													

신나는 예술 세계 ①

오늘 공부한 내용을 또박또박 따라 써 보세요.

날짜	부모님 확인
월 일	

1 뮤지컬 공연을 보러 갔다.

따라쓰기	뮤	지	컬		공	연	을		보	러		갔	다.
혼자쓰기													
혼자쓰기													

2 빛이 나는 것 같았다.

따라쓰기	빛	이		나	는		것		같	았	다.		
혼자쓰기													
혼자쓰기													

4주 2일

신나는 예술 세계 ②

오늘 공부한 내용을 또박또박 따라 써 보세요.

날짜	부모님 확인
월 일	

1 색깔이 주는 느낌

따라 쓰기	색	깔	이		주	는		느	낌				
혼자 쓰기													
혼자 쓰기													

2 빨간색은 따뜻한 느낌

따라 쓰기	빨	간	색	은		따	뜻	한		느	낌		
혼자 쓰기													
혼자 쓰기													

4주 3일

신나는 예술 세계 ③

오늘 공부한 내용을 또박또박 따라 써 보세요.

날짜	부모님 확인
월 일	

1. 피아노 건반을 눌러 사용

따라쓰기	피	아	노		건	반	을		눌	러		사	용
혼자쓰기													
혼자쓰기													

2. 소리의 크기도 조절

따라쓰기	소	리	의		크	기	도		조	절			
혼자쓰기													
혼자쓰기													

4주 4일

신나는 예술 세계 ④

오늘 공부한 내용을 또박또박 따라 써 보세요.

날짜	부모님 확인
월 일	

1. 그림을 전시했습니다.

따라쓰기	그	림	을		전	시	했	습	니	다	.		
혼자쓰기													
혼자쓰기													

2. 눈으로만 봐야 해요.

따라쓰기	눈	으	로	만		봐	야		해	요	.		
혼자쓰기													
혼자쓰기													

4주 5일

신나는 예술 세계 ⑤

오늘 공부한 내용을 또박또박 따라 써 보세요.

날짜	부모님 확인
월 일	

1 장구는 대표적인 악기예요.

따라 쓰기	장	구	는		대	표	적	인		악	기	예	요.
혼자 쓰기													
혼자 쓰기													

2 나무통으로 만들어졌어요.

따라 쓰기	나	무	통	으	로		만	들	어	졌	어	요	.
혼자 쓰기													
혼자 쓰기													

5주 1일

우리나라의 문화 ①

오늘 공부한 내용을 또박또박 따라 써 보세요.

날짜	부모님 확인
월 일	

1 우리나라의 대표적인 명절

따라 쓰기	우	리	나	라	의		대	표	적	인		명	절
혼자 쓰기													
혼자 쓰기													

2 설날과 추석

따라 쓰기	설	날	과		추	석							
혼자 쓰기													
혼자 쓰기													

5주/2일

우리나라의 문화 ②

오늘 공부한 내용을 또박또박 따라 써 보세요.

날짜	부모님 확인
월 일	

1 조물조물 김치를 만들어요.

따라 쓰기	조	물	조	물		김	치	를		만	들	어	요.
혼자 쓰기													
혼자 쓰기													

2 몸을 튼튼하게 해 주지요.

따라 쓰기	몸	을		튼	튼	하	게		해		주	지	요.
혼자 쓰기													
혼자 쓰기													

5주 3일

우리나라의 문화 ③

오늘 공부한 내용을 또박또박 따라 써 보세요.

날짜	부모님 확인
월 일	

1 태권도는 손과 발을 사용

따라 쓰기	태	권	도	는		손	과		발	을		사	용
혼자 쓰기													
혼자 쓰기													

2 예의를 중요하게 생각

따라 쓰기	예	의	를		중	요	하	게		생	각		
혼자 쓰기													
혼자 쓰기													

5주 4일

우리나라의 문화 ④

오늘 공부한 내용을 또박또박 따라 써 보세요.

날짜	부모님 확인
월 일	

1 딱딱한 열매인 부럼

따라 쓰기	딱	딱	한		열	매	인		부	럼			
혼자 쓰기													
혼자 쓰기													

2 둥근 보름달을 구경했다.

따라 쓰기	둥	근		보	름	달	을		구	경	했	다	.
혼자 쓰기													
혼자 쓰기													

5주 5일 우리나라의 문화 ⑤

오늘 공부한 내용을 또박또박 따라 써 보세요.

날짜	부모님 확인
월 일	

1 볏짚으로 지붕을 만든 집

따라 쓰기	볏	짚	으	로		지	붕	을		만	든		집
혼자 쓰기													
혼자 쓰기													

2 기와로 지붕을 만든 집

따라 쓰기	기	와	로		지	붕	을		만	든		집	
혼자 쓰기													
혼자 쓰기													

6주 1일

상상의 즐거움 ①

오늘 공부한 내용을 또박또박 따라 써 보세요.

날짜	부모님 확인
월 일	

1. 새로운 유치원에 가는 날

따라쓰기	새	로	운		유	치	원	에		가	는		날
혼자쓰기													
혼자쓰기													

2. 발걸음이 가벼워졌어요.

따라쓰기	발	걸	음	이		가	벼	워	졌	어	요	.	
혼자쓰기													
혼자쓰기													

6주 2일

상상의 즐거움 ②

오늘 공부한 내용을 또박또박 따라 써 보세요.

날짜	부모님 확인
월 일	

1 당근을 오독오독 씹을 때

따라쓰기	당	근	을		오	독	오	독		씹	을		때
혼자쓰기													
혼자쓰기													

2 영양소를 몸속에 심는 일

따라쓰기	영	양	소	를		몸	속	에		심	는		일
혼자쓰기													
혼자쓰기													

6주 / 3일

상상의 즐거움 ③

오늘 공부한 내용을 또박또박 따라 써 보세요.

날짜	부모님 확인
월 일	

1 울퉁불퉁한 우준이의 점토

따라쓰기	울	퉁	불	퉁	한		우	준	이	의		점	토
혼자쓰기													
혼자쓰기													

2 매끄럽고 멋진 주희 점토

따라쓰기	매	끄	럽	고		멋	진		주	희		점	토
혼자쓰기													
혼자쓰기													

상상의 즐거움 ④

오늘 공부한 내용을 또박또박 따라 써 보세요.

날짜	부모님 확인
월 일	

1 마을에 폭우가 내렸어요.

따라쓰기	마	을	에		폭	우	가		내	렸	어	요	.
혼자쓰기													
혼자쓰기													

2 물에 둥둥 떠올랐어요.

따라쓰기	물	에		둥	둥		떠	올	랐	어	요	.	
혼자쓰기													
혼자쓰기													

6주 / 5일

상상의 즐거움 ⑤

오늘 공부한 내용을 또박또박 따라 써 보세요.

날짜	부모님 확인
월 일	

1 내 이름은 용기야.

따라쓰기	내		이	름	은		용	기	야	.			
혼자쓰기													
혼자쓰기													

2 너의 마음 조각이지.

따라쓰기	너	의		마	음		조	각	이	지	.		
혼자쓰기													
혼자쓰기													

메모

메모